BEI GRIN MACHT SICH IHR WISSEN BEZAHLT

- Wir veröffentlichen Ihre Hausarbeit,
  Bachelor- und Masterarbeit

- Ihr eigenes eBook und Buch -
  weltweit in allen wichtigen Shops

- Verdienen Sie an jedem Verkauf

Jetzt bei www.GRIN.com hochladen und kostenlos publizieren

N. L.

Grundlagen der Textlinguistik der geschriebenen Sprache

GRIN Verlag

Bibliografische Information der Deutschen Nationalbibliothek:

Die Deutsche Bibliothek verzeichnet diese Publikation in der Deutschen National-
bibliografie; detaillierte bibliografische Daten sind im Internet über http://dnb.d-
nb.de/ abrufbar.

Impressum:

Copyright © 2007 GRIN Verlag GmbH
Druck und Bindung: Books on Demand GmbH, Norderstedt Germany
ISBN: 978-3-640-76145-6

Dieses Buch bei GRIN:

http://www.grin.com/de/e-book/159663/grundlagen-der-textlinguistik-der-
geschriebenen-sprache

GRIN - Your knowledge has value

Der GRIN Verlag publiziert seit 1998 wissenschaftliche Arbeiten von Studenten, Hochschullehrern und anderen Akademikern als eBook und gedrucktes Buch. Die Verlagswebsite www.grin.com ist die ideale Plattform zur Veröffentlichung von Hausarbeiten, Abschlussarbeiten, wissenschaftlichen Aufsätzen, Dissertationen und Fachbüchern.

Besuchen Sie uns im Internet:

http://www.grin.com/

http://www.facebook.com/grincom

http://www.twitter.com/grin_com

Textlinguistik: Die Lehre vom Text

Was ist und was will die Textlinguistik?

Textlinguistik ist eine moderne Wissenschaftsdisziplin, die sich innerhalb der Linguistik in der zweiten Hälfte der 60er und Anfang der 70er Jahre herausgebildet hat, um den Untersuchungsgegenstand *Text* in seinen inhaltlichen und formellen Facetten zu erfassen und zu beschreiben.

Textlinguistische Forschungsansätze sind immer textbezogen; das bedeutet, Texte sind Ausgangs- und Zielpunkt textlinguistischer Forschung. In der linguistischen Fachliteratur lassen sich seit etwa 40 Jahren verschiedene heterogene Definitionen der Textlinguistik finden, die zwar jeweils auf einen speziellen Aspekt fokussieren, aber dennoch einen gemeinsamen Kern haben.

Die Heterogenität der Auffassungen hinsichtlich der Bestimmung der Textlinguistik äußert sich vor allem in der Bestimmung der Ziele dieser modernen linguistischen Teildisziplin.

Im Folgenden sollen zunächst drei gängigste Definitionsansätze vorgestellt werden, die von verschiedenen Linguisten stammen und jeweils eine andere Zielsetzung der Textlinguistik im Mittelpunkt stellen:

Heinemann&Viehweger (1991) definieren die Textlinguistik als eine Wissenschaft, die sich ausschließlich auf die Erforschung von Textstrukturen und Textformulierungen bezieht, wobei die Einbettung dieser Texte in kommunikative, allgemein soziologische und psychologische Zusammenhänge ebenfalls berücksichtigt wird.

Das bedeutet, der Textlinguistik geht es vor allem darum, die allgemeinen Bedingungen der Textkonstitution (die einzelnen Bestandteile des Textes), Textproduktion (Formung der Texte) und Textrezeption (Verständnis, Aufnahme von Texten) zu beschreiben, über die wohl jeder *kompetente* Sprachteilhaber (Leser oder Schreiber, Sender und Empfänger) in konkreten Kommunikationssituationen unbewusst verfügt.

Brinker (1992) sieht als Aufgabe der Textlinguistik, die allgemeinen Bedingungen und Regeln der Textkonstitution (Textzusammensetzung), welche den konkreten Texten zugrunde liegen, systematisch zu beschreiben und ihre Bedeutung für die Textrezeption (Textverständnis) zu erklären.

Brinker (2001) komplettiert sein Verständnis der Textlinguistik und hebt nicht nur konkrete Ziele der Disziplin hervor, sondern auch die daraus resultierenden Vorteile für diejenigen, die sich damit befassen. So schreibt er, dass die Textlinguistik sich zum Ziel setzt, die Struktur, d. h. den grammatikalischen und thematischen Aufbau, sowie die kommunikative Funktion konkreter Texte transparent zu machen und nachprüfbar darzustellen.

Sie kann dadurch Einsichten in die Regelhaftigkeit der Textbildung (Textkonstitution) und Textrezeption (Textverstehen) vermitteln und dazu beitragen, dass die einzelnen Individuen die eigene Textkompetenz verbessern, d. h. beim Einzelnen die Fähigkeit zu fördern, fremde Texte zu verstehen und eigene Texte zu produzieren.

Großes Fremdwörterbuch (2002) definiert die Textlinguistik als ein Teilgebiet der Linguistik, das sich mit Wesen, Aufbau und Inhalt von Texten beschäftigt.

Die Grundkonzepte der Textlinguistik sind:
- ❖ Der Text (-Begriff)
- ❖ Die Textfunktionen
- ❖ Merkmale der Textstruktur (Kohärenz/Kohäsion)
- ❖ Die verschiedenen Texttypen
- ❖ Die verschiedenen Textsorten

Übersicht über Kategorien und Kriterien der linguistischen Textanalyse nach Brinker:
- ❖ **Situation:** hier geht es darum, zu bestimmen,

a.) welche ***Kommunikationsform*** (direktes Gespräch, Telefongespräch, Rundfunk- oder Fernsehsendung, Zeitung, Buch usw.) vorliegt und

b.) welcher ***Handlungsbereich*** (privat, offiziell, öffentlich usw.) zu konstatieren ist.

- ❖ **Textfunktion:** wie z. B.
    1. Informationsfunktion (Repräsentative; sind lediglich informierend, berichtend)
    2. Appelfunktion (Direktive; sind auf Verhaltens- und oder Meinungsbeeinflussung ausgerichtet)
    3. Obligationsfunktion (Kommissive; die auf die (Selbst-)Verpflichtung ausgerichtet sind)
    4. Kontaktfunktion (Expressive; die auf die Herstellung oder Beibehaltung des persönlichen Kontakts ausgerichtet sind)
    5. Deklarationsfunktion (Deklarative; werden immer durch direkte explizite Formeln ausgedrückt und sind darauf ausgerichtet, eine neue Realität zu schaffen, z. B. Krieg erklären oder Testament formulieren usw.)

Alle diese Funktionen (Intentionen) können im Text auf direkte oder indirekte Weise signalisiert sein.

❖ **Thematische Kohärenz:**

    a.) Thema: Arten wie Gegenstand, Ereignis, These usw.

    b.) Themenentfaltung: Grundformen wie

        1. Deskriptiv – beschreibend

        2. Narrativ – erzählend

        3. Explikativ – erklärend

        4. Argumentativ – logisch begründend

❖ **Grammatikalische Kohärenz:** (feststellen, ob es überhaupt ein zusammenhängender Text ist) Hier sind zu beachten:

    a.)   Prinzip der Wiederaufnahme (explizit/implizit)

    b.)   Konjunktionale Verknüpfung.

Innerhalb der Textlinguistik lassen sich zwei Hauptrichtungen unterscheiden: sprachsystematische und kommunikationsorientierte. Diese beiden Richtungen schließen sich gegenseitig nicht aus, sondern sie stehen vielmehr in gewisser Abhängigkeit zueinander.

Der Unterschied besteht darin, dass sprachsystematisch orientierte Textlinguistik (die bis Ende der 60er Jahre die dominantere war) ausschließlich auf die Sprachsystemkompetenz (Wissen über die Sprachlichen Regularitäten, Grammatik, also Form- Grammatikorientiert) orientiert ist, wohingegen die kommunikationsorientierte Textlinguistik sich auf die konkrete Anwendung und Bedeutung dieser sprachlichen Systeme in konkreten Kommunikationssituationen bezieht (also untersucht die Bedeutung und somit die Funktionen von sprachlichen Einheiten).

Kommunikationsorientierte Textlinguistik ist folglich nicht als ein Substitut (Ersatz) der sprachsystematischen zu verstehen, sondern als ihre Erweiterung um weitere (funktionsorientierte) Merkmale.

Wie es unschwer zu erkennen ist, haben diese beiden Hauptrichtungen unterschiedliche Ausgangspunkte und somit auch unterschiedliche Ziele in der wissenschaftlichen Beschäftigung mit Texten. Daraus resultiert die Tatsache, dass der Untersuchungsgegenstand **Text** auch völlig unterschiedlich definiert wird, doch dazu soll es später ausführlicher eingegangen werden. Im ersten Schritt soll zunächst allgemein auf den Begriff des Textes eingegangen werden.

Zum **Textbegriff**

Der Begriff „Text" stammt aus dem lateinischen Wort *Textum*, welches den Nomen des lateinischen Verbs *texere* darstellt. Während Ersteres Gewebe bedeutet, steht Zweiteres für verketten oder verbinden von etwas.

Als **Text** kann eine inhaltlich und sprachlich kohärente (zusammenhängende), begrenzte Abfolge von sprachlichen Zeichen (Schriftzeichen, Wörter, Phrasen Sätze) mit kommunikativer Funktion bezeichnet werden.

In dieser Definition des Textes, der von Klaus Brinker stammt, wird der Textbegriff als eine sprachsystematische und zugleich kommunikative Einheit beschrieben, die eine Relation zwischen mehreren Textualitätsmerkmalen voraussetzt:

❖ **Kohärenz** (grammatische und thematische Zusammenhänge); d. h. dass sprachliche Zeichen, die in einem Text vorkommen, miteinander harmonieren müssen, sowohl auf grammatische als auch auf lexikalische (inhaltliche) Ebene. Die einzelnen Konstituenten des Textes müssen also so aufeinander abgestimmt sein, dass es einen **Sinn** ergibt.

❖ Begrenztheit (Anfang – Ende)

❖ Das Textthema (muss erkennbar sein, oder auch mehrere Themen)

❖ Kommunikative Funktion (Sinn eines Textes: Dieser Punkt orientiert sich auf die Frage, zu welchem Zweck der jeweilige Text in einer bestimmten Kommunikationssituation eingesetzt wird, also welchen Sinn oder Intention verfolgt er. Diese Frage umfasst gleichzeitig eine andere Voraussetzung, nämlich, dass Texte immer in einer bestimmten Kommunikationssituation eingebettet sind, in der sie mit einem bestimmten Ziel gesendet und empfangen bzw. produziert und verstanden werden).

❖ Relative Abgeschlossenheit (bezieht sich auf sprachliche und auch semantische Abgeschlossenheit: d. h. Handlung, die ein Text beschreibt, muss vollendet sein).

K. Brinker schreibt dem ersteren (der fast deckungsgleich mit dem vierten Kriterium ist), der inhaltlichen und sprachlichen Kohärenz, eine wichtige Bedeutung zu, indem er einen interessanten Terminus „Nicht-Text" einführt und kategorisiert.

Der Begriff **Nicht-Text** impliziert, dass dem jeweiligen sprachlichen Gebilde keine Kohärenz (Sinn) zugesprochen wurde. Demzufolge gilt jeder Versuch einer Textproduktion als gescheitert, wenn er wegen mangelnden oder fehlenden sprachlich- (grammatischen) oder inhaltlichen Zusammenhängen nicht verstanden wurde.

Ein Text besteht in der Regel aus mehr als zwei Sätzen, diese Mehrsätzigkeit ist allerdings keine Voraussetzung, denn ein Text kann auch bloß aus einem Wort oder aus zwei Wörtern bestehen wie z. B. Hilfe! Alle aussteigen! Guten Tag! usw.

Wawrzyniak (1980) definiert den Text als einen wesentlichen Bestandteil menschlicher Kommunikation, denn seiner Ansicht nach erfolgt jegliche Kommunikation mittels **Texte**, die zwischen den Kontaktpartnern (Sprecher und Adressat, Schreiber und Leser) ausgetauscht werden.

WICHTIG! Unter Texten verstehen wir hier sowohl schriftliche als auch mündliche Äußerungen, die unterschiedliche Länge haben können. Die Rede ist von einem Ein-Wort-Text bis zum Gesamttext eines mehrbändigen Romans.

....

Zum Begriff der **Textfunktion**

Der Terminus **Textfunktion** wird in der Textlinguistik als im Text mit bestimmten festgelegten Mitteln ausgedrückte *Kommunikationsabsicht* des Emittenten (Senders) definiert.

Es handelt sich also um die kommunikative Absicht des Senders, die der Empfänger im fertig produzierten Text erkennen soll. Der Textproduzent legt sozusagen schon vorher fest, *als was* sein Adressat (eine Person oder ein breiteres Publikum wie z. B. ein ganzes Volk oder Nation) den Text auffassen soll (z. B. als informierend, als appellierend, selbstverpflichtend oder erklärend…)

In einem Text bezieht sich der Emittent immer auf bestimmte Regeln oder Konventionen sprachlicher oder kommunikativer Art, die dem Rezipienten die wahre kommunikative Absicht des Emittenten signalisieren.

In diesem Zusammenhang weist Brinker darauf hin, zu beachten, dass ein Text mehr als nur eine Funktion signalisieren kann. Wichtig ist nur, dass eine bestimmte Funktion den anderen dominiert. Demnach muss eine klare Abgrenzung zwischen der *Grundfunktion* und den *Zusatzfunktionen* des Textes gemacht werden.

Brinker (2001) unterscheidet fünf zentrale Grundfunktionen eines Textes, die in einem konkreten Text auf direkte oder indirekte Weise signalisiert sein können. Diese sind:

❖ *Informationsfunktion (Repräsentative)* bezweckt das vermitteln von Wissen. Explizierende Paraphrase: ich (der Sender) informiere sich (den Empfänger) über einen Sachverhalt (Textinhalt).

❖ *Appellfunktion (Direktive)* zielt auf die Verhaltens- und Verhaltensbeeinflussung. Explizierende Paraphrase: ich (der Sender) fordere dich (den Empfänger) auf, eine bestimmte Handlung zu vollziehen bzw. eine bestimmte Einstellung zu übernehmen.

❖ *Obligationsfunktion (Kommissive)* hat einen allgemein verpflichtenden oder selbstverpflichtenden Charakter: ich (der Sender) verpflichte mich (dem Empfänger gegenüber), Handlung X zu tun (z. B. Angebot, Garantieschein, schriftlicher Vertrag…)

❖ *Kontaktfunktion (Expressive)* artikuliert eine persönliche Beziehung des Emittenten zum Rezipienten. Der Emittent setzt Akzente auf die Herstellung oder Erhaltung des persönlichen Kontakts und gibt dem Rezipienten seine Absichten durch bestimmte kommunikative Signale zu erkennen

(z. B. Danken, um Entschuldigung bitten, beglückwünschen, sich beschweren, verfluchen, willkommen heißen, Beileid aussprechen…). Hier geht es also um den Ausdruck einer *psychischen Einstellung des Senders zum Sachverhalt, der im Text gekennzeichnet ist.*

❖ *Deklarationsfunktion (Deklarative)* gibt dem Rezipienten zu verstehen, dass der Text eine neue Realität schafft: ich (der Emittent) bewirke hiermit, dass X als Y gilt.

Texte mit Deklarationsfunktion sind meistens an bestimmte gesellschaftliche Institutionen gebunden, wie z. B. Gericht, Notar usw. Deklarationsfunktion wird immer durch d i r e k t e explizite Formeln ausgedrückt (z. B. Testament, Schuld- bzw. Freispruch, Bevollmächtigung usw.)

Für die Decodierung der Textfunktion ist entscheidend, dass der Rezipient die im Text vorhandenen Signale erkennt bzw. bestimmte Indizien richtig versteht (dabei kommt das subjektive Weltwissen und kognitive Kompetenzen, Intelligenz ins Spiel), die Aufschluss darüber geben (müssen), was der Emittent mit dem jeweiligen Text beabsichtigt.

....

Zum Begriff der **(Text-) Kohärenz**

Kohärenz bezeichnet den semantisch-kognitiven (inhaltlich-kognitiven) Sinnzusammenhang eines Textes. Diese Sinnkontinuität (also *Konzepte+Sinnzusammenhänge*) kann als Grundlage der Kohärenz angesehen werden. bestimmt wird Sinnkontinuität durch den Zugriff auf (kognitive) **Konzepte** und Relationen zwischen diesen Konzepten in einer mentalen **Textwelt** des Lesers.

Konzepte sind hier als mentale Organisationseinheiten zu verstehen, die die Funktion haben, Wissen über die Welt zu speichern.

Die **Textwelt** ist die Gesamtheit aller Sinnbeziehungen, die einem Text zugrunde liegen. Sie wird vom Sprecher, seinem Wissen, seinen Erfahrungen und seinen Intentionen bestimmt. Ein Text kann nur kohärent (bzw. sinnvoll) sein, wenn ein **Sinnzusammenhang** innerhalb der jeweiligen Textwelt (also innerhalb der im Text vorhandenen Teilkonzepte wie einzelne Sätze, Wörter usw.) gegeben ist.

Stimmen die in einer Textwelt ausgedrückten Konzeptkonstellationen mit unserem Wissen nicht überein, dann können wir keine Sinnkontinuität herstellen und der Text ist für uns sinnlos.

Kohärenzrelationen sind also Verkettungen von Konzepten und stellen konzeptuelle Netzwerke dar. Können wir diese Verkettungen der Konzepte in einem Text nicht mit unserem Wissen, unseren Erfahrungen und unseren Intentionen vereinbaren, so hat der Text für uns keine Kohärenz.

Anzumerken ist, dass Kohärenz trotz fehlender Kohäsion (einer grammatikalischer Sinnzusammenhang, grammatische Korrektheit der einzelnen Teilkonzepte bzw. sprachlichen Einheiten des Textes) auftreten. Das bedeutet, dass Kohäsion keine notwendige Voraussetzung ist, um den Sinnzusammenhang eines Textes (inhaltliche Zusammenhänge) zu erschließen.

Welche Bedeutung hat das **Prinzip der Wiederaufnahme** für die Kohärenz eines Textes?

Die verschiedenen Formen der Wiederaufnahme (wie zum Beispiel *Pronominalisierung*: das Wort, das für ein Nomen stellvertretend steht wie ich, diese, jene; *Rekurrenz*: zurückgreifende Bezugnahme auf das bereits Bekannte; *Ellipse*: Wortauslassung, Ersparnis von manchen Redeteilen wie z. B. „Zigarette?" anstatt „Möchten Sie eine Zigarette?") sind für die Kohärenz eines Textes von Bedeutung, da sich in den Wiederaufnahmen des Textes die Einheitlichkeit des Textgegenstandes sprachlich ausdrückt.

Durch die kommunikative Konzentration auf einen Gegenstand erhält der Text die für die Kohärenzzuschreibung (Sinnzuschreibung) grundlegende Orientierung (laut Brinker 1992).

Zum Begriff der **(Text-) Kohäsion**

Das Wort **Kohäsion** kommt aus dem Lateinischen und bedeutet so viel wie *Zusammenhang*. Kohäsion kann deshalb als grammatischer Zusammenhang zwischen den sprachlichen Einheiten eines Textes aufgefasst werden.

Es geht also um Eigenschaften eines Textes, die dem Rezipienten formale Hinweise zur Verknüpfung der Textteile geben. Dabei handelt es sich in erster Linie um satzübergreifende Relationen.

Innerhalb eines Satzes fallen Kohäsionsbeziehungen häufig mit Konstituenten-Relationen zusammen, also mit Beziehungen innerhalb der Syntax.

Kohäsion entsteht, wenn die Interpretation eines Element innerhalb eines Textes abhängig ist von der Interpretation von einem anderen Element innerhalb des gleichen Textes. Im Gegensatz zur Kohärenz, bei der es um inhaltlich-kognitive Zusammenhänge geht, steht bei Kohäsion die Grammatik bzw. die grammatischen Zusammenhänge im Mittelpunkt.

Wie bereits erwähnt, ist die Kohäsion keine notwendige Bedingung für einen kohärenten Text.

Es gibt verschiedene Arten der Kohäsion. Dies ergibt sich aus der Tatsache, dass die Kohäsion alle Bereiche der Grammatik betrifft.

❖ Zur *phonologischen Kohäsion* gehören beispielsweise Reime.
❖ *Morphologische Kohäsion* findet sich z. B. bei Wortneubildungen, die nur durch Kontext, also z. B. den umgebenden Text, interpretierbar sind.
❖ Am häufigsten ist allerdings die *syntaktische Kohäsion*. Wichtige Kohäsionsmittel sind hier beispielsweise Pronominalisierung, Rekurrenz (Wiederholung) und Ellipse (Wortauslassung), um **Koreferenz** (Bezug auf denselben außersprachlichen Referenten) herzustellen. Auch grammatische Verknüpfungen (z. B. Konjunktionen) dienen der Kohäsion eines Textes.

Intertextualität

Intertextualität bezeichnet den Bezug eines Textes auf andere Texte (z. B. Bibel). Das bedeutet, dass in einem sprachlichen Gebilde, das als ganzes betrachtet einen kohärenten Text ergibt, die einzelnen Zeile oder auch mehrere Textpassagen nicht von einem Autor, sondern von verschiedenen Autoren stammen und von einem Autor dann zusammengeführt worden sind. Damit es eine solche intertextuelle Relation zweier oder mehrerer Texte gelingt, müssen die sprachlichen Inhalte, die als Bestandteile eines Textes gelten, semantisch zusammenpassen (die inhaltliche Kohärenz ist die Voraussetzung, damit sich am Ende ein sinnvoller Text ergibt).

Das **Textthema**

In der modernen Linguistik gibt es verschiedene Fassungen des Thema-Begriffs; d. h. der Begriff wird auf verschiedenen Ebenen definiert, wie z. B.

❖ Das *Thema-Rhema-Konzept* der Prager Schule, das auch unter dem Begriff der *funktionalen Satzperspektive* bekannt ist.

❖ Das Textthema als *Kern des Textinhalts.*

❖ Das Textthema im Sinne von *thematischer Entfaltung*, die sich auf die thematisch-semantische Struktur eines Textes bezieht.

1.   **Das Thema-Rhema-Konzept der Prager Schule**

Das Konzept beschäftigt sich mit den thematischen Relationen der einzelnen Bestandteile eines Textes (z. B. zw. den Themen der einzelnen Sätze). Diese thematischen Relationen innerhalb eines Textes nennt DANES (1970) **thematische Progression**, die das „Gerüst des Textaufbaus" darstellt.

Die Thema-Rhema-Gliederung der Prager Schule wird auch als Funktionale Satzperspektive bezeichnet. Danach lässt sich ein Satz in zwei Teile gliedern: das *Thema* und das *Rhema*.

Das **Thema** ist hier *Ausgangspunkt der Aussage*, also das Alte und Bekannte im Satz, während das **Rhema** *Kern der Aussage* ist und die jeweils **neue Information** im Satz darstellt.

Folglich wird die **Struktur eines Textes** als eine *Sequenz von Themen* dargestellt. Die eigentliche thematische Struktur eines Textes besteht demzufolge in der Verkettung der Konnexität (Sachzusammenhang der einander gegenüber stehenden Teile) der Themen, in ihren Wechselbeziehungen und ihrer Hierarchie, in den Beziehungen zu den Textabschnitten und zum Textganzen sowie zur Situation.

Diese thematischen Relationen innerhalb eines Textes nennt DANES (1970) *thematische Progression* (thematische Steigerung meistens von einer Einzelinformation aufsteigend zu anderen Informationen, die mit der ersten Information zusammenhängen und sie erweitern). Derartige thematische Relationen zwischen den einzelnen Konstituenten des Textes bilden *das Gerüst des Textaufbaus.*

DANES (1970) unterscheidet **fünf Typen** thematischer Progression:

❖ Die *lineare Progression*.

Sie liegt vor, wenn das Rhema des *ersten* Satzes (also die erste neue Information im Satz) zum Thema des *zweiten* Satzes wird usw. Bsp.

„Klaus isst ein <u>Eis</u> (Rhema). Das <u>Eis</u> (Thema, weil es bereits das Alte und Bekannte ist) hat er an der <u>Tankstelle</u> (Rhema, weil sie das Neue in dieser Konstellation darstellt) gekauft."

❖ Die Progression mit einem *durchlaufendem Thema*.

Sie liegt vor, wenn das Thema in jedem neuen Satz gleich bleibt. Bsp.

„Mein <u>Fahrrad</u> ist neu. <u>Es</u> ist ein Geschenk meines Vaters. <u>Es</u> steht momentan im Keller.

❖ Die Progression mit *abgeleiteten Themen*.

Sie liegt vor, wenn die Themen der einzelnen Sätze von einem „Hyperthema" abgeleitet werden. Bsp.

„<u>Seine Bremsen</u> funktionieren gut. <u>Sein Rahmen</u> ist blau und auf <u>seinem Gepäckträger</u> klemmt ein Fahrradkorb." In diesem Beispiel werden die Themen von einem Hyperthema „das Fahrrad" abgeleitet.

❖ Die Progression eines *gespalteten Rhemas*.

Sie liegt vor, wenn das Rhema (das Neue) eines Satzes thematisch in mehrere Teile zerlegt wird. Bsp.

„Ich habe zwei <u>Hunde</u> (Rhema). <u>Der eine</u> ist groß und braun. <u>Der andere</u> ist noch ein Welpe." Das Rhema (Hunde) wird hier in zwei Themen zerlegt.

❖ Die Progression mit einem *thematischen Sprung*.

Sie liegt vor, wenn das Rhema des ersten Satzes im zweiten nicht zum Thema gemacht wird, sondern es wird ein neues Rhema eingeführt und im dritten Satz wird das Rhema des zweiten Satzes ebenfalls kein Thema darstellen, denn hier ist wieder das neue Rhema zu erkennen. Bsp.

„Hans wurde in ein dunkles <u>Zimmer</u> (Rhema) geführt. Es war mit wertvollen <u>Mobeln</u> ausgestattet. <u>Die Teppiche</u> zeigten leuchtende Farben."

Hier wird das Rhema des zweiten Satzes „Möbeln" im dritten Satz nicht zum Thema gemacht, sondern es gibt einen thematischen Sprung und ein neues Thema „Teppiche" wird eingeführt.

In diesem Fall tut das der Kohärent der Satzfolge keinen Abbruch, da das Thema „Teppiche" aus dem ersten Rhema „Zimmer" erschlossen werden kann bzw. damit in Verbindung gebracht werden kann.

In der Regel kommen in einem Text verschiedene Typen der thematischen Progression vor, die unterschiedlich und vielfältig miteinander kombiniert werden.

Bei diesem Thema-Rhema-Ansatz gibt es allerdings ein Problem: Die Definition und Unterscheidung von Thema und Rhema ist nicht immer einfach. Oft können sie nur schwer voneinander abgegrenzt werden, auch deshalb, weil es keine eindeutigen Definitionskriterien gibt.

Außerdem wird der Thema-Begriff unklar verwendet: Einerseits wird das Thema als „Basis der Aussage", also semantisch definiert, andererseits spricht man vom Thema als „bekannte Information", was eher in den kommunikativ-pragmatischen Bereich fällt.

Um einen Text als ein Gefüge von Sinnbeziehungen darzustellen, muss ein anderer Thema-Begriff eingeführt werden, nämlich **Thema als Kern des Inhalts**.

2. **Das Thema als Kern des Text-Inhalts.**

Unter *Thema* hier versteht man den Kern des Textinhalts; es geht also nicht um die Satzthemen, wie es im Thema-Rhema-Konzept der Fall gewesen ist, sondern es geht um das Hauptthema eines Textes oder aber um die verschiedenen Themen, die auch in einem Text vorkommen können.

Der Kern des Textes (der durch ein Textthema zum Ausdruck gebracht wird) bezeichnet den Gedankengang eines Textes, der sich auf einen oder mehrere Gegenstände, Personen oder Handlungen bezieht.

Das Textthema kann entweder explizit realisiert werden, etwa in der Überschrift oder in einem bestimmten Satz, oder es ist implizit (versteckt) im Text enthalten.

Ist das Thema des Textes im Text implizit enthalten, so stellt es die größtmögliche Kurzfassung des jeweiligen Textes dar. Diese größtmögliche Kurzfassung eines Textes ist eine Frage der Interpretation und ist somit abhängig vom jeweiligen Leser und dem Gesamtverständnis, welches er von dem Text gewinnt.

Es gibt also kein wirkliches Verfahren, um das Thema eines Textes zu bestimmen, allerdings gibt es nach BRINKER (1992) einige Prinzipien, an denen man bei der Themenanalyse orientieren kann.

Die wichtigsten sind:

❖ **Das Wiederaufnahmeprinzip**

❖ **Das Ableitbarkeitsprinzip und**

❖ **Das Kompatibilitätsprinzip (Verknüpfbarkeitsprinzip).**

Laut Brinker können diese Prinzipien bei der Bestimmung des Textthemas (Hauptthemas) hilfreich sein.

1. **das Wiederholungsprinzip** impliziert, dass je öfter ein Textgegenstand (Person, Handlung, Ereignis, Gegenstand als Produkt...) mithilfe verschiedener Formen der Wiederaufnahme (z. B. Pronominalisierungen, Rekurrenz, Ellipse) im Text wiederholt wird, desto größer ist die Wahrscheinlichkeit, dass der jeweilige Textgegenstand das Thema des Textes darstellt.

Da in einem Text ost mehrere Themen vorkommen, werden zwei weitere Prinzipien aufgestellt, die die Unterscheidung von Haupt- und Nebenthema vereinfachen sollen:

2. **das Ableitbarkeitsprinzip** besagt, dass das Thema als das Hauptthema eines Textes angesehen werden kann, aus dem sich die anderen Themen des Textes ableiten lassen bzw. für unser Textverständnis am überzeugendsten ableiten lassen.

3. **das Kompatibilitätsprinzip** bezieht sich auf die Kompatibilität (Verknüpfbarkeit) der kommunikativen Funktion eines Textes und dem Thema. Da sich das Thema und die kommunikative Funktion eines Textes bis zu einem gewissen Grade gegenseitig bedingen, kann das Thema als das Hauptthema eines Textes angesehen werden, das mit der Funktion eines Textes am kompatibelsten ist.

3. Thematische Entfaltung

Unter „thematischer Entfaltung" versteht man die gedankliche Ausführung des Themas zum Gesamtinhalt des Textes, also seine thematisch-semantische Struktur.

Die thematische Entfaltung entsteht durch die Verknüpfung von Teilinhalten durch Relationen wie Spezifizierung (Konkretisierung), Begründung, Folgerung, Bewertung etc.

Demzufolge kann dasselbe Thema unterschiedlich entfaltet werden; die Art der Themenentfaltung ist aber gewöhnlich abhängig von der Textfunktion.

Es gibt verschiedene Grundformen thematischer Entfaltung, die im Folgenden im Einzelnen erklärt werden. Für die verschiedenen Formen der Themenentfaltung sind jeweils verschiedenen semantisch-thematische Kategorien oder Verbindungen dieser Kategorien charakteristisch.

Es gibt vier unterschiedliche Grundformen der Themenentfaltung:

1. **Die deskriptive Themenentfaltung** (informierende, berichtende Intention ist im Text zu erkennen). Für die deskriptive Themenentfaltung sind Aufgliederung eines Themas in seine Teilthemen und Einordnung in Raum und Zeit charakteristisch.

Es gibt verschiedene Varianten der deskriptiven Themenentfaltung:

a) Das Thema bezeichnet ein historisches Ereignis, einen einmaligen Vorgang. Es dominiert die Vergangenheitstempora, z. B. „Imperfekt" und das Ereignis wird räumlich und zeitlich eingeordnet. Bsp. *Zeitungsartikel, die über ein bestimmtes Ereignis berichten, Nachricht, Bericht, Bedienungsanleitung...*

2. **Die narrative Themenentfaltung** (erzählende, unterhaltende Intention). Hier geht es meist um ein abgeschlossenes, singuläres Ereignis, das einen gewissen „Interessantheitsgrad" aufweist und an dem der Erzähler in irgendeiner Weise beteiligt ist. „Komplikation" und „Auflösung der Komplikation" sowie „Evaluation" (Bewertungen und Emotionen des Erzählers) sind die zentralen Bestandteile der narrativen Themenentfaltung. Oft kommen noch Angaben zu Ort und Zeit sowie eine Moral hinzu.

Bsp. *Alltagserzählung, Märchen, Sage...*

3. **Die Explikative Themenentfaltung** (erklärende Intention). Die explikative Themenentfaltung ist charakteristisch für wissenschaftliche Texte, in denen ein Sachverhalt aus anderen Sachverhalten logisch abgeleitet wird. Die Summe der

Sachverhalte, aus denen ein neuer Sachverhalt abgeleitet wird, bezeichnet man als „**Explanans**".

Das Explanans wiederum besteht aus zwei Teilen: den Randbedingungen und den allgemeinen Gesetzmäßigkeiten. Als **Explanandum** bezeichnet man andererseits das, was erklärt werden soll, also den neuen Sachverhalt.

Ein Erklärungstext kann folglich dann als solcher identifiziert werden, der sich in Explanans und Explanandum einteilen lässt. Typisch für Texte mit explikativer Themenentfaltung ist die häufige Verwendung von Konjunktionen, Adverbien und Präpositionen, mit denen Kausalbeziehungen (Ursache, Wirkung, Grund, Bedingung, Folge usw.) ausgedrückt werden. *Bsp. Lehrbücher oder wissenschaftliche Texte, die der Erweiterung des Wissens dienen. Bsp. Lehrbuchtext, Wörterbucheintrag und andere Texte, in denen ein gewisses Erklärungsbedürfnis konstatiert werden kann.*

4. **die argumentative Themenentfaltung** (überredende, überzeugende Intention). Der argumentative Text zeichnet sich durch These und Argument (-e) aus. Dabei beruft er sich auf Daten, um die aufgestellte These zu stützen, damit eine Argumentation zustande kommt.

Schlussregel (z. B. eine Behauptung oder Urteil) und Stützung dieses Schlussregels müssen in der Alltagssprache nicht immer explizit ausgedrückt sein, sind dann aber implizite Glieder der Argumentation.

In einem argumentativen Text dominieren die verschiedenen Formen der Verknüpfung von Haupt- und Nebensatz: die kausale („weil"), die konditionale („wenn…dann"), die konsekutive („dass" oder „so dass") und die adversative („Während sie raus ging, blieb er im Haus") Satzverknüpfung.

Charakteristisch für die argumentative Themenentfaltung ist der Zusammenhang von These, Argumenten, Schlussregel und Stützung der Schlussregel. Bsp. Gutachten, Gerichtsurteil, Kommentar, Werbetexte oder andere appellative Texte, in denen es darum geht, den Leser von einer bestimmten Meinung überzeugen und ihn ggf. zum Handeln zu veranlassen.

Die argumentative Themenentfaltung kann aber auch, wie bereits erwähnt, in normativen Texten, wie z. B. Gerichtsentscheidungen oder Rezensionen, gefunden werden.

Wie es noch zu zeigen sein wird, ergeben sich aus diesen vier Kategorien thematischer Entfaltung vier unterschiedliche **Texttypen,** in denen jeweils unterschiedliche **Textsorten** mit unterschiedlichen **Textfunktionen** eingeordnet werden.

4. Struktur eines Textes

Aus welchen sprachlichen Einheiten entsteht die Struktur eines Textes?

Der **Satz** gilt als *minimale textuelle Struktureinheit.* Ein Text besteht in der Regel aus mindestens einem Satz; d. h. Texte bauen sich immer aus Sätzen auf, nicht direkt aus kleineren sprachlichen Einheiten wie Phrasen oder anderen linguistischen Bauteilen (wie z. B. einzelne Wörter oder gar Morpheme).

Es wird angenommen, dass ein Satz durch Kohäsions- und auch Kohärenzbeziehungen mit anderen Sätzen innerhalb eines Textes verbunden ist. Dadurch entsteht unter anderem auch der sogenannte Sinnzusammenhang, der für das Verstehen eines Textes notwendig ist.

Die Makrostruktur eines Textes

VAN DIJK (1972) ist die Makrostruktur eines Textes als eine „globale Bedeutung", ja als die jeweilige Zusammenfassung oder Resümee der in einem Text vorhandenen Textpassagen zu verstehen, die mittesl verschiedenen Makroregeln wie z. B. *Auslassen, Selektieren, Generalisieren, Konstruieren oder Integrieren* gewonnen werden können. Es gibt auch Auffassungen, bei denen zwischen den Begriffen *Textthema* und *Makrostruktur* nicht differenziert wird.

Mit dem Begriff der Makrostruktur ist also eine übergeordnete semantische (inhaltliche) Texteinheit gemeint, die jeweils spezielle Strukturen, die **Mikrostrukturen** (also semantische Einheiten, die für den Textvorgang bzw. for das Verstehen des Textes keine notwendige Größen darstellen) auf niedrigere Ebene erfasst und in die sich ein Text zerlegen lässt.

Laut Van Dijk ist der Aufbau dieser Makrostrukturen hierarchisch. Makrostrukturen lassen sich zerlegen in *Mikrostrukturen,* die wiederum Beziehungen zwischen den einzelnen *Propositionen* (Kernbedeutungen der einzelnen Sätze im Text) herstellen.

Unter dem Begriff der **Proposition** versteht man den Kern der Bedeutung eines Satzes, wobei auf die syntaktische Form oder lexikalische Füllung der jeweiligen Äußerungsform nicht geachtet wird. Vom Interesse ist lediglich die Kernbedeutung, die der jeweilige Satz in sich trägt.

Die Relationen in einem Text, die Sinnzusammenhänge schaffen, gehören laut VAN DIJK zur Makrostruktur eines Textes.

VAN DIJK hat bestimmte Regeln aufgestellt, um die Makrostrukturen innerhalb eines Textes zu ermitteln. Diese Ermittlung der Makrostrukturen eines Textes dient dazu, bestimmte Bedeutungen zu größeren Bedeutungsganzheiten zusammenzufügen. Sätze lassen sich also in größeren Einheiten zusammenfassen (so kann man beispielsweise 3 Sätze zu einer größeren semantischen Einheit zusammenfassen).

In diesem Zusammenhang entwickelt Van Dijk vier sogenannte **Makroregeln,** mit deren Hilfe die Makrostrukturen (also größere Bedeutungseinheiten) eines Textes ermittelt werden können. Gleichzeitig haben die Makroregeln die Funktion, eine Trennung von den für den Textvorgang und das Verständnis des Textes relevanten und nicht relevanten Informationen zu ermöglichen.

Die vier **Makroregeln** nach VAN DIJK:

1. **Auslassen**

Die erste Regel besagt, dass unwichtige Informationen ausgelassen werden können.

2. **Selektieren**

Propositionen, welche die Bedingungen, Bestandteile oder Folgen anderer Propositionen sind, können ebenfalls weggelassen werden, denn sie haben nicht so viel Aussagekraft, wenn sie sich aus anderen Propositionen resultieren.

3. **Generalisieren**

Besagt, dass Konzepte, die alle ein gleiches Merkmal haben, können in einem Überbegriff zusammengefasst werden.

4. **Konstruieren oder Integrieren**

Aus einzelnen Propositionen (also aus den Kernbedeutungen einzelner Sätze innerhalb eines Textes) kann eine übergeordnete, Rahmen bildende Proposition gebildet werden, die das „Überthema" enthält.

Wie bereits erwähnt, ermöglichen die Makroregeln die Unterscheidung von textrelevanten und nicht textrelevanten Informationen. Es kann vorkommen, dass auf einer Ebene durch die Regelanwendung zwei Makrostrukturen entstehen. In einem solchen Fall handelt es sich laut VAN DIJK um einen *„Makro-Mehrdeutigen Text".*

....

Zum Begriff der **Textsorten/Texttypen**

Lange Zeit, bevor man innerhalb der Linguistik an Klassifikation von Texten gedacht hat, haben andere Wissenschaften erkannt, dass Texte sich grundsätzlich voneinander unterscheiden und dass es für sie jeweils charakteristische Schemata gibt.

Im juristischen Bereich wurde z. B. Klassifikation der Gesetzestexte vorgenommen in Verfassung, Verordnung, Gerichtsurteil usw. In der Literatur wurden auch einzelne Gattungen und Genres in Textsorten klassifiziert, z. B. Roman, Novelle, Erzählung, Gedicht usw. In der Fremdsprachendidaktik: Lehr- und Übungsbuch, Übersetzungstexte ...

Mit Textsortenklassifikation beschäftigt man sich innerhalb der Linguistik erst seit Anfang der 70er Jahre. Wichtig ist zu erwähnen, dass linguistische Forschungsrichtung sich in Bezug auf Textsortenklassifizierung auf *Gebrauchstexte* (nicht literarische Texte) beschränkt.

Problem bei den ersten Versuchen der Klassifikation war, dass man sich nicht einigen konnte, nach welchen Kriterien diese Differenzierung der Texte geschehen soll: nach grammatikalischen Strukturen, nach inhaltlich-kommunikativen oder nach funktionalen Faktoren.

Gegenwärtig gilt, dass jeder Text *immer* bestimmte **Präsignale** aufweist, die es uns möglich machen, den jeweiligen Text einer bestimmten Textklasse zuzuordnen. So erscheint jeder Text immer als Exemplar einer bestimmten Textsorte.

Definition:

Demzufolge definieren HEINEMANN&VIEHWEGER (1991) den Terminus „**Textsorte**" als eine Kombination bzw. Komposition (Zusammensetzung) von Merkmalen, die es möglich machen, den jeweiligen Text einer bestimmten Textsorte zuzuordnen.

Die beiden Autoren unterscheiden die Termini *Textsorte* und *Texttyp* voneinander.

❖ Den Begriff **Texttyp** definieren Autoren als grobe Klassifikation von Texten nach ihrer dominanten kommunikativen Funktion (zweckgerichtete Intention eines Textes) im sprachlichen Handeln (vgl. S. 14 in dieser Arbeit).
❖ Der Begriff **Textsorte** wird hingegen als eine Gruppe von Texten begriffen, die sich durch bestimmte Bündel von Merkmalen auszeichnen.

Klaus Brinker (1991) differenziert vier Texttypkategorien:

- ❖ **Deskriptive** (informierende) Texte.

- ❖ **Narrative** (erzählende) Texte.

- ❖ **Explikative** (erklärende) Texte.

- ❖ **Argumentative** (überzeugende, überredende) Texte.

Textsortenforschung verfolgt das Ziel, Texte anhand ihrer jeweils charakteristischen Merkmale (sowohl nach sprachlichen als auch nach äußerlichen, situationsbezogenen bzw. kontextuell charakteristischen Merkmalen) einer Textsorte zuzuordnen und diese zu beschreiben.

Problem dabei ist, dass Merkmale sehr variabel sind; das heißt, sie können für mehrere Textsorten gleich charakteristisch sein.

SANDIG (1972) entwickelte ein merkmalorientiertes Textsortenklassifikationsmodell (besser gesagt eine Matrix), das bis nachvollziehbarer ist als alle anderen Modelle. Sandig machte mit seiner Matrix deutlich, dass für eine Taxonomie (Klassifikation) Kriterien unterschiedlicher Art herangezogen werden können.

In diesem Zusammenhang sollen „innere" (sprachliche) Faktoren ebenso berücksichtigt werden wie „äußere" (d. h. situative, kontextuelle usw.). Festzustellen ist jedoch, dass die externen Faktoren (also die kontextbezogenen) die sprachlichen (z. B. Wortschatz, Satzbaumuster…) überlegen sind und eher die Textsorte eines Textes bestimmen.

Einige Beispiele für Gebrauchstextsorten:

❖ Interview	❖ Vorlesung
❖ Brief	❖ Fernseh-/Rundfunknachricht
❖ Telefongespräch	❖ Zeitungsnachricht
❖ Gesetz	❖ Zeitungsartikel
❖ Arztrezept	❖ Telegramm
❖ Kochrezept	❖ Gebrauchsanweisung
❖ Wetterbericht	❖ Familiäres Gespräch
❖ Traueranzeige	